Abbi Cura

... di Te

101 rimedi poetici

Francesco Tassone

La poesia è...

la mia religione

la mia cura

la mia vita

Tutti i miei versi

sembrano diversi

nel mare degli eventi

come navi differenti

ma nascondono nella stiva

la medesima offerta votiva

Abbi Cura ... *di Te*

Francesco Tassone

È autore di una collezione di opere intitolata "Anima Green". I suoi libri, già tradotti in (spagnolo, portoghese, inglese, russo) sono conosciuti sia in Italia che all'estero. Ad essi è riconosciuta la capacità di migliorare la qualità della nostra esistenza e della percezione della Natura in cui viviamo.

VISITA LA SUA PAGINA AMAZON:
amazon.com/author/francescotassone

GUARDA I SUOI VIDEO E PROGRAMMI SU:
https://www.youtube.com/channel/UC-J-NNo91m0a2Fzj-DFAvdw?view_as=subscriber

SEGUILO SU FACEBOOK
https://www.facebook.com/francesco.tassone.902
https://www.facebook.com/francetassone

PREFAZIONE

"*Abbi cura di te*" non è un libro di Poesia: è chinino, è penicillina, è antibiotico e le pagine scritte e lette divengono albarelli contenenti una sostanza medicamentosa che Francesco, come un alchimista esperto, produce nella sua Farmacia. "*Abbi cura di te*", quattro parole a racchiudere un immenso. Quell'amore che non è un ripiego, non è non è restare imprigionati in un bozzolo, non è il divenire monadi nell'egoismo dell'io. È quell' amore che squarcia il velo dopo avere attraversato il dolore, saggiato la fatica per divenire farfalla dopo avere conosciuto il terrore dell'incognito, scoperta l'ardua impresa di uscire da quel guscio e strisciato, magari mangiato polvere, forzato le pareti di quell' involucro per divenire un essere completo e completato dalla Vita. Nelle pagine lette, dentro quei versi, c'è molto di più della sensibilità di Francesco, c'è lo scandaglio delle anime altrui, dote immensa e, al contempo, terribile condanna. Chi decide di entrare in queste pagine, non solo di leggerle, percorrerà i corridoi dell'iride, viaggerà nel Tempo di quest'uomo a bordo dei suoi versi che non falsano la realtà, anzi, ce la rendono vicina con il suo variegato bagaglio di luci, ombre e chiaroscuri. I versi di Francesco che vivificano la pagina e si animano a loro volta, divengono quel filo di Arianna capace di guidarci dentro il labirinto di emozioni che il Poeta vive, non crea artatamente. Così sono venuti a salutarmi "Lo Stretto tra Reggio e Messina", il "Lungomare", "La Granita" e sono tornata a me stessa attraverso i miei luoghi non temendo di incontrare, alle curve dell'esistenza, il Minotauro che fagocita le sensazioni. Dalla lettura sono riemersa forte e temprata grazie all'energia e al vigore del verso, ai colori degli umori del mare, del cielo, nostra dote ed eredità.

"Un seme e un verso si assomigliano

Chi può dire quando germineranno?" (cfr "Gemma").

Il Poeta Francesco si interroga sulla vita, sul *"Coraggio"*, sulla *"Destinazione"* da darsi, da offrire a chi gli è compagno di viaggio, quel Ri-nascere e Ri-conoscersi che sono binari ineludibili della Vita per un suo onesto bilancio finale. La meraviglia della creazione sta tutta nel verso, nell'incognita della scintilla che non avverte e quando giunge scalpita, imperiosa esige di farsi strada, di venire alla luce in un travaglio che non è mai prevedibile. *"Non c'è niente di speciale nella scrittura. Devi solo sederti davanti alla macchina da scrivere e metterti a sanguinare"* (Ernest Hemingway). Ecco, sanguinare, perché scrivere, talvolta, è fare uscire da sé la linfa vitale. Donare, liberare il demone del vivere. Portarsi *"In Grembo"*, condannarsi e assolversi, attraversare il mare della tribolazione e sorridere, sorridersi, confrontarsi e, persino, consolarsi. Anima, testa, penna, foglio. Come i quattro elementi: aria, terra, fuoco, acqua. E in quell'intermezzo fra i mondi "Essere Poeti" vuol dire scrivere respirando l'essenza della Vita. Così la Poesia per Francesco diviene religione, un possente strumento per partorire il pensiero che, nel tragitto fra l'immediato ed il mediato si libera di scorie, fa la muta come il serpente e si rinnova trasformando in ali ogni percezione. La Parola pronunciata diviene impulso e sa sublimarsi in arte nel mentre si incide sulla carta, è istinto che si purifica dentro il lavacro dell'anima. Nei *"Dialoghi Padre Figlia"*, il tema resta la Poesia, *"un'amante molto gelosa, la più gelosa che tu possa conoscere"*. In *"A mia Figlia"* il Canto diviene vento leggero che offre la tregua al padre-poeta. Il verso si addolcisce, zefiro delicato, sussurro e preghiera nella voce di padre che non cela alla figlia l'esistente, la sfida a viverlo senza crogiolarsi nell'esistito e impantanarsi in ciò che è estinto, forse, anche irrimediabilmente, perduto. Per non farle svanire tutti i colori, quelli delle bonacce e quelli delle tempeste, consapevole che dalla loro commistione nasca l'amore. *"Abbi cura di te"* diviene un mantra, un tamtam che rimbalza ora verso l'uomo ora verso la natura. *"Brucia"*,

"*Cenere*" con la loro caligine, le loro scintille, turbinano e frullano dentro l'anima che, finalmente consapevole delle tragedie dell'ingordigia umana, perde l'ignavia. Il verso inizia a rodere, a scardinare, a macerare dispettosamente finché, ubbidiente, il poeta non cura questa febbre che, quando finisce sul foglio, lo lascia estenuato, spossato. Perché è l'anima dello "*Sciamago*" che si solidifica, diviene corporea, materia su pagina bianca, rivelatrice, stronza traditrice di un io celato, ignoto persino alla mano che impugna la penna.

"No, la poesia non è un contorno

È il modo mio, di rinascere, ogni giorno" (cfr " SAI")

No, la Poesia non è una veste da indossare o levare a piacimento, non è uno dei sette veli di Salomè nella danza per la vita o la morte di un uomo. E' epidermide, imprescindibile da noi, ignorarla significa esserne scuoiati, sacrificati su un altare, abiurare l'essenza stessa di un'empatia che è croce e delizia contemporaneamente, è dono di sentire il mondo con tutte le sue voci, le sue grida, le sue suppliche, le sue preghiere e risa, il suo tormento e la sua estasi. È l'essere "*Angemoni*" creature di ombra e luce, in bilico perenne fra santità e follia, senza alcuna linea di demarcazione, orizzonti sempre capaci di spostarsi in là appena il verso li lambisce perché la Poesia osa...osa sempre. "*Abbi Cura*" ...nel loro transito verso l'uscita i versi di Francesco, fluidi, eleganti, dolci eppur perentori, fanno tappa alla stazione del cuore, si fermano al chiosco dei sentimenti, infine attraversano le labbra, si poggiano sulla mano, si affidano al foglio e ciò che era solo energia compressa diviene conforto. "*Non esiste un vascello veloce come un libro, per portarci in terre lontane, né corsieri come una pagina di poesia che si impenna -questa traversata può farla anche il povero senza oppressione di pedaggio-tanto è frugale il carro dell'anima*" (Emily Dickinson). Amo la Parola che sa farsi canto e se questa viene a trovarmi, le apro, le offro un caffè, la osservo come se avesse occhi e mani e da queste potessi vederne la tensione emotiva, ci chiacchiero come fossimo vecchi amici. Non viene portandomi un regalo, ma talvolta, come adesso che tengo fra le mani questo libro, va via lasciandomi tesori di inestimabile valore.

Caterina Marina Neri

PREMESSA

Avere cura di noi stessi è un'arte difficile da coltivare. Prima di tutto perché, molto spesso, non sappiamo bene chi siamo e quindi non capiamo di chi e come bisogna prendersi cura. E poi perché non realizziamo realmente quanto sia importante, quanto la nostra vita possa diventare bella e pregnante di significato, se solo impariamo a riempire gli istanti.

Questo libro non ha pretese, ma ha una precisa intenzione: "ispirarci ad avere cura di noi stessi". E si applica nel realizzare la sua intenzione, pagina dopo pagina, attraverso gli spazi che si annidano tra i nostri respiri. E vuole farlo umilmente, mentre leggiamo, mentre rileggiamo, mentre riflettiamo su quanto abbiamo letto.

Una poesia non è niente. È come una farfalla, piccola, effimera, leggera. Ma possiede il coraggio, l'audacia di una larva che ha saputo sognare abbastanza e guardare oltre. E anche noi, come quel bruco, possiamo trasformarci in una creatura alata, colorata, delicata, bellissima. In fondo ogni creatura meravigliosa è un sogno realizzato.

E la poesia fa questo. Ci raggiunge ovunque, alita semi di tempesta, gonfia le vele dei sogni e ci sta accanto mentre attraversiamo la burrasca dentro noi stessi. Così, rende diafane le acque della nostra coscienza. Se scivoliamo negli abissi, scende con noi e li illumina. E poi, quando siamo pronti, ci porta in superficie, ci veste di meraviglia e ci porge le ali per volare.

1 PACE

C'è pace nella pioggia, c'è pace nel sole
c'è pace in tutto, anche quando duole
la vita sotto sotto, è un'onda di pace
ecco perché in fondo ci piace
eppure, per poterla apprezzare
noi dobbiamo saper guardare
aprire gli occhi, scoprire
quel che ci vuole dire

Nel coglierne il significato
raccogliamo il distillato
tutto si svela d'improvviso
come in un inatteso sorriso
ti abbassi per raccogliere un fiore
e ti accorgi di come batte il cuore
ti sollevi per indicare una stella
e scopri di avere una sorella

Svegliati adesso
guarda la vita
nell'equilibrio
pace infinita
impara il movimento
che con fare lento
produce pace
in questo momento

2 SILENZIO

La neve

maestra

del silenzio

Cammino

contemplo

abbraccio

accarezzo

respiro

amo

domando

Nel silenzio

la natura

parla

3 LASCIO

Lascio, lascio ogni cosa

che non richiede di essere mia sposa

mi accompagno solamente

di un amore fatto di niente

Così sono sicuro

il tuo sguardo puro

si poserà sul mio

scomparirai tu, eppure io

Lascio, lascio prima di andare

ricco io sarò, ad attraversare

la soglia da cui, ogni uomo

prima o poi, deve passare

Resterà soltanto

quello che amo tanto

ricco immensamente

del tuo e del mio niente

———————————

A volte lasciare, lasciare andare

è la cosa migliore che possiamo fare

4 AMARSI

Amarsi richiede pudore

rispetto e stupore

è un'arte lenta

che spesso spaventa

Un macigno sul cuore

il maestro migliore

non puoi sfuggire

se devi capire

Saggio è ascoltare

cosa non rifare

appena l'hai capito

il dolore è già sparito

Resta l'ombra scura

convalescenza sicura

è nel bruco la farfalla

la musica in chi balla

Quasi sempre per amarsi è sufficiente imparare a rispondere alle domande della vita. Nel rispondere bene scopriamo ciò che - da sempre - ci appartiene.

5 CURA

Mi fido dell'odore

del modo in cui

mi guarda un fiore

Nell'aurora e la sua luce

riconosco la mia voce

Nel sapore della pelle

la mia casa tra le stelle

Nella cura di ogni senso

il sussurro dell'immenso

____

Respiro di salvezza

Mano che accarezza

Vive in chi l'apprezza

Ogni forma di Bellezza

6 POETI E SANTI

Cosa cerca un santo in una grotta?

Cosa fa un poeta in un'epoca bigotta?

In che modo ci trasformano

e l'anima nostra informano?

Esiste una dimensione

dove queste domande

trovano risposte e dove le parole

si attirano da sole e diventano corrisposte?

Esistono

spazi informati

dove i poeti e i santi

sono andati?

Nel cuore del silenzio

vive una conversazione

nel buio della grotta

c'è un'illuminazione

Un esile filamento

incontra il firmamento

una lampada si accende

la musica riprende

____

Ogni poeta lascia una scia - ogni santo apre una via

la loro vita è sinfonia - il nostro anelito, poesia

7 RI-NATO

Ci sono fessure

feritoie senza cure

strappi, epiloghi rotti

ponti sospesi, sentieri interrotti

Li dove riposano finite storie

le macerie sono memorie

come voragini nella strada

quando la nebbia si dirada

Attraversarle è possibile

il cammino è invisibile

ma molto reale

e può fare male

Eppure, sei chiamato

a percorrere ogni strato

e dopo averlo attraversato

ti sarai magari ritrovato

Mettiti in cammino

avanza tu per primo

presto scoprirai

l'origine dei guai

Tutto quel vissuto

un film ripetuto

ribellarsi è uno spezzarsi

ricongiungersi è perdonarsi

Fai un passo e un altro ancora

ecco qui la tua dimora

dalla pace, nasce l'azione

che è vera, riconciliazione

Riconosci il tuo percorso

la vita allenta il morso

dentro la tua esistenza

ritorna ora l'innocenza

Adesso sai il da farsi

i motivi dell'amarsi

ogni attimo è fatato

quando sei, appena ri-nato

Tocca a ciascuno, prima o poi rinascere. Bisogna nascere almeno due volte. Ogni nascita è un'occasione per scoprire ciò che resta, per riconoscere ciò che alla fine ci tiene in vita quando ogni altra cosa sembra finita.

8 VISIONE SUPERIORE

Crocifiggere ed esser crocifisso
ineludibile appuntamento fisso

Eppure
la differenza più eclatante
quella trasformante

Che rende ogni azione
una resurrezione

Consiste nell'aprirsi
all'arte di stupirsi

Cogliere il senso
che rende immenso

Ogni sguardo sincero
che salva ciò che è vero

Nella visione superiore
la missione di ogni cuore

Ci sono incontri che non vorremo mai fare. Circostanze che non vorremmo vivere. Persone che non vorremmo vedere. Eppure, la vita ce le pone innanzi. Ci sfida, gioca con noi. Vuole vedere se riusciamo a farla splendere nell'azione, la nostra superiore comprensione.

9 RICONOSCERSI

Il mio più grande

raggiungimento

è uno strano

sentimento

Essere

in ogni cosa

emozione

meravigliosa

In una minuscola

coccinella

in una luminosa

stella

Passioni

ed amori

nel tramonto

e i suoi colori

Pianti

tradimenti

e perdoni

sono acqua

tempeste

e acquazzoni

Il momento

più avvincente

riconoscersi

nel niente

la mia

musica di vita

tra lo schiocco

delle dita

Ci sono istanti, quando finalmente ci riconosciamo, che la leggerezza diventa l'unico modo di esistere. Poi questi frammenti del tempo possono ingrandirsi e divenire ore. Così, uno spirito leggiadro, fresco, delicato alberga in noi. E le ore divengono giorni. Ama stare li dove noi siamo. Diveniamo casa di quelle melodie che racchiudono estasi, note, poesie. E i giorni si fanno mesi. Allora, è solo un nome diverso - la creatività - che diamo alla nostra ritrovata immensità. Avere cura è riconoscersi. Così, i mesi crescono in anni. Poi la vita, così tante volte stupita, schiocca le dita, diviene infinita.

10 OCCULTA

Contemplala la Natura inviolata
quando - non si sente - guardata

Sorprendilo il sole cantare
-distratto- che muore sul mare

Quando genitore scruti tua figlia
noti -in segreto- quanto ti somiglia?

Quando la ascolti -inosservato-
lo senti il suono del tuo stesso fiato?

Ci è straniera la Natura. Un mistero impenetrabile. E tale è bene che rimanga. Eppure, in quel mistero, possiamo riconoscerci. Se apertamente la osserviamo si mostra a noi per come ci aspettiamo che sia. Come una bella donna che attraversa la strada al semaforo mentre noi, li davanti, aspettiamo per passare. Ma se in segreto, invisibili, ne scrutiamo l'essenza, mentre lei è distratta, incurante della nostra presenza, ecco che nella sua spontaneità, possiamo intravedere la parte misteriosa. Quella Occulta. E riconoscerci.

11 CONCEDERSI

Tra le nuvole veloci
le forme sono voci
tra le acque correnti
ridono mille sentimenti
nel vento tra i capelli
i momenti miei più belli
e nel sole teporoso
il pensiero è luminoso

Basta stendersi sulla roccia
distillare goccia a goccia
tutta l'ansia della vita
ogni parola proibita
scarabeo sulla mano
sei solletico, richiamo
Quanta cura, ogni istante
Concedersi è inebriante

____

Si può fare, si può fare.

12 SONO NIENTE

Sono niente
un sorriso trasparente

Un istante di passaggio
un gioco di coraggio

Tutto quel che sono stato
in un attimo è volato

Si può fare, si può fare
senza maschere portare

Solo la mia essenza
senso ed innocenza

Dono di grazia infinita
questa sia la mia vita

Essere e amare
si può fare, si può fare

____

Si, ci sono stili di vita, in cui è possibile.

13 IL MUSCOLO DEL PERDONO

Il perdono è un muscolo

che spesso è minuscolo

eppure, se allenato

può esser migliorato

e pian piano diventare

mezzo per trasformare

miasmi fetidi, maleodoranti

in leggeri animi brillanti

———————————

Perdonare è difficile - Spesso difficilissimo - Eppure, è possibile - Si lascia la valigia - La si lascia li, nel passato - E poi ci si incammina leggeri - Con un sorriso radioso - Sconosciuto

14 NUVOLA

Ogni nuvola corre nel cielo
nasconde l'azzurro col suo velo
a volte per un istante
si sente importante

Presto poi cambia sentimento
modifica anche il portamento
nell'acqua vive il dono
nel vento il suo perdono

15 ALLA MIA AMICA TERRA
di Virginia Tassone

Cara Terra, come stai?

Sono brutti giorni

come tu ben sai

io vorrei tanto aiutarti

e con questa poesia coccolarti

La tua bellezza non voglio rovinare

ma vorrei tanto poterti supportare

in questi difficili momenti

che sono molto dolenti

Magari hai bisogno di un aiuto

robusto e forzuto

non da uomini forti e potenti

ma da cuori vicini e attenti

alla tutela della tua vita

perché la speranza non è mai esaurita!

A presto amica Terra

tanto gioiosa e bella

solo una cosa lasciami raccomandare

non smettere mai di sognare

perché tutto puoi realizzare!

Ricorda che da un piccolo gesto

tutto può iniziare

e che la speranza

non è mai da ignorare

Infine,

vorrei dire a tutti i bambini

che il buon esempio

parte proprio dai più piccini

Date tutto l'amore che avete da donare

e fatene un dono unico e speciale

in modo che la nostra Terra

sia guarita e senza più guerra

____

Date tutto l'amore che avete

16 IL VALORE PIENO DI TE STESSO

A volte ti ritrovi
con stati d'animo nuovi

Provi un fertile sentimento
che somiglia ad un tormento

Dentro sei in uno strano processo
frullato nel confronto con te stesso

Poi smetti di darti torto
sei vivo - non sei morto

Ecco che ti svegli finalmente
ti dai una scrollata - non è niente

Soltanto hai ammesso
il valore pieno di te stesso

È un gioco di destrezza
arte vera di bellezza

____

No, non può farlo nessuno
sprigionare il tuo profumo

17 LASCIATI TROVARE

La bellezza è una ferita

che giace aperta e ardita

la sua forza dolorante

che ti rende ansimante

è un calice speciale

che può anche fare male

Come fessura su corteccia

il nemico trova breccia

magari pensi di occultarla

ma chi vuole sa trovarla

il dolore e la paura

sono la peggior mistura

Confuso e frastornato

sei come appena nato

proprio lì dov'è il dolore

scorgi il battito del cuore

ecco dunque dietro il legno

scorre la linfa dell'ingegno

Che sia sangue o clorofilla

la fragranza è lì che brilla

soffia lieve la presenza

sua maestà la tua essenza

quando poi sei abbandonato

la bellezza ti ha trovato

18 DIARIO DI BELLEZZA

Ogni sera, prima di andare a letto

io mi faccio il mio goccetto

nel bicchiere, io ci metto

ogni attimo perfetto

È così, che poi capisco

ciò che prima intuisco

tanti momenti, così diversi

le parole diventano versi

L'attenzione li raffina

con la migliore rima

così riempio di fierezza

il mio diario di bellezza

Un diario di Bellezza. Può cambiare la tua vita per sempre. Basta un piccolo quaderno o uno smartphone o meglio ancora un libricino di poesie da tenere accanto. Ogni giorno puoi impressionare i fogli descrivendo i tuoi atti poetici di intrepida bellezza.

19 INCONTRO

L'incontro vero è il sentire
parole che vogliono dire
cosa dentro noi sta vegetando
mentre stiamo camminando

Così, ogni seme, trova significato
mentre ciò che deve, è germinato
in questo modo, noi scopriamo
l'inconoscibile, che amiamo

———————————————

Sono gli incontri che ci cambiano la vita. Che ci curano. O che, a volte, ci fanno ammalare. Mai avvengono per caso. Ma dobbiamo saperli riconoscere. Aderire al nostro sentire. Riconoscere il loro dono nascosto.

20 DONO

Con la sabbia a giocare
guardo il fiume - entrare in mare -
le sue acque bianche e gelate
si uniscono - a quelle blu salate

Mi fermo - a osservare
questa condizione elementare
è così che in me s'imprime
cosa accade - prima della fine -

Sto li - il fiume - a sentire
poco prima di – morire -
mi sorprende l'entusiasmo
l'estasi - di quell'orgasmo

Acque fluviali trasparenti
nelle marine accoglienti
il dolce nel salato
il celeste - appena nato

A ciascuno il suo cantare
così il fiume trova il mare
uno è canto l'altro è suono

———————————————

non vi è incontro senza - dono -

21 OGNI GIORNO

Auguri

alla mia mamma

alla tua

a ogni

mamma del mondo

Auguri

a Te

che hai i figli vicino

e a te che li hai lontano

a te che li hai persi

e a te che non li hai mai avuti

Auguri

Mamma Terra

Auguri

ad ogni donna

che concepisce

partorisce

e alleva

atti di amore

ogni giorno

____

Celebriamole le nostre mamme!

22 ALCHIMIA

Strappata dentro, ritorni a casa

con la tua anima rotta e invasa

dai tuoi occhi, la pioggia rovente

scivola, su ogni solco tuo, tremante

Come fa male, la ferita

quando viene impartita

così, lede ascoltarti

per chi sa amarti

Sole di fuoco su onde blu

raggiante sai essere tu

il mare e il calore

alchimia di ogni cuore

La natura sai, è a conoscenza

di quella speciale differenza

tra l'acqua e la luce

e ciò che le conduce

____

L'onda - brusca - si infrange

sul petto ferito - che piange -

la luce d'oro - riflessa - risplende

su colei che - compresa - comprende

23 GEMMA

Il germoglio non capisco

ma sai, lo riconosco

lo sento sbocciare

ho imparato a scrutare

Il suo impeto invisibile

che rende possibile

quell'apertura alare

di un fisso volare

Ogni seme nascosto

ritrova il suo posto

nel buio interrato

una stella gli ha parlato

La natura è stupore

stratega dell'amore

basta un seme, un solo verso

gemma il cuore e l'universo

Un seme e un verso si assomigliano

Chi può dire quando germineranno?

Da alcuni nascono fiori

Da altri, alberi

Da altri ancora, miracoli

24 ISTINTO

Un varco di luce

schiude una voce

la terra colpita

allunga le dita

sul cielo infuocato

che ha disegnato

col soffio e il calore

un magico fiore

A nessuno è dato

comprendere il creato

in un mondo variopinto

la mia via è nell'istinto

non si può capire

ma solo sentire

la perfetta geometria

nascosta dietro la poesia

____

È immenso l'ignoto

Mistero inconoscibile

Eppure, abbiamo avuto in dono, l'istinto

Una bussola nell'oceano

È piccola, ma ci consente di navigare

25 SE TROVERAI ME

Quando a prendermi verrai

cosa, veramente tu farai?

Mi dirai, se sono pronto?

Mi chiederai, il conto?

Forse, vorrai abbracciarmi

sino ad asfissiarmi

o magari, ti inchinerai

riconoscendo, ciò che mai

ti capita di trovare

quando, vai a bussare

Chi può, chi può dire

come andrà a finire

adesso sei, monito di vita

chissà poi, come sarai vestita

soave, mi inviterai ad aprire

o ruvida, invece, mi farai capire

Una cosa però è certa

la mia porta sarà aperta

e se, troverai me

è solo, grazie a te

____

Arriva per tutti noi quel giorno

Nessuno escluso

Farsi trovare preparati, fa tutta la differenza

26 REIETTI

I miei versi, curiose ancelle

vogliono conoscere le stelle

per scorgere quelle somiglianze

che accendono ancestrali danze

Come in quei momenti

in cui i miei sentimenti

si sentono riconosciuti

da quegli sprovveduti

Dai "reietti" della società

a causa di quella diversità

che li ha resi altezza

di ingiudicabile bellezza

____

Ero in piazza con alcuni amichetti di mia figlia e i loro genitori. C'era un signore con un sacco a pelo che mi ha incuriosito. Abbiamo iniziato a parlare come fossimo amici da sempre. Sono tornato a casa arricchito da una conversazione indimenticabile.

____

Nel pregiudizio l'albero muore - Nell'inatteso germoglia il fiore.

27 LA DESTINAZIONE

Me lo ricordo questo ragazzo qui!

Mi ricordo di tutto quello che sognava,

di tutto quello che faceva

ciò in cui credeva

ciò che temeva

e persino il modo in cui amava

Sono fiero di lui

E adesso

mentre i nostri sguardi si incontrano

mi commuove riconoscere

quanto lui sia fiero

dell'uomo che è diventato

____

La vera destinazione è riconoscersi!

____

Così, guardando una vecchia foto da bambino

28 ASCOLTARMI

Qui ad ascoltarmi
rima con amarmi
la Tua voce chiara
così intima, così cara
sempre si avvera
la tua Parola vera
mi insegna ogni momento
dove nasce il sentimento

Dove sta la mia essenza
che vibra in tua Presenza
annulla ogni distanza
sei la musica e io la danza
sei tutto ciò che voglio
io carrozza tu convoglio
come ruota e bicicletta
in una sintonia perfetta

29 LA MIA RELIGIONE

Sciaborda l'acqua tra le rocce
suonano anche le gocce
il sole accarezza i capelli
l'alito marino li rende più belli

Il tramonto si avvicina
nei colori la sua medicina
nella sua luce la guarigione
nella poesia la mia religione

30 STO BENE

Sto bene quando riconosco

come ciclamino dentro al bosco

che nel tuo modo di condurre l'esistenza

dai all'anima la precedenza

Mi ammalia vederti dondolare

sull'altalena dell'essere e del fare

e poi scorgere nel tuo sorriso

il rintocco dell'equilibrio assiso

Sto bene quando mi riconosco migliore

nel semplice ascolto del mio cuore

sto bene nel nutrirmi

come fosse un benedirmi

Sto bene nel sapere

che amo appartenere

a quel senso profondo

che fa muovere il mondo

Sto bene nel sentire

Per dopo poi scoprire

il senso nascosto

di ciò che è fuori posto

Mi piace dedicarmi

a tutto ciò che sa incantarmi

adoro il teporoso intrecciarsi

dei nostri corpi nudi li a parlarsi

Amo scoprire

le parole che sa dire

quello che è riposto

nell'animo indisposto

Sto bene quando sento il mistero

di servire per davvero

un senso più ampio del mio vivere

tra il bianco e nero

Sto bene nei gesti di quei figli

che integrano il migliore senso dei consigli

e nel vedere la felicità vera

nell'amicizia pura, sincera

Sto bene tra i miei cari

e nel navigare oltre i conosciuti mari

e quando il balsamo delle parole

risana l'anima che ferita, duole

Sto bene più di tutto nel mio gioco preferito

di scorgere la luna guardare il mio dito

aspettando in segreto di essere indicata

per fingere di non essere molto innamorata

31 PROIBITO

Capita di sbagliarsi

facile è adagiarsi

capita di fallire

di non aver niente da dire

Una montagna invalicabile

un deserto insuperabile

ogni passo in avanti

i sogni più distanti

Tutto sembra inutile

ogni tentativo futile

proprio quando ti sei perso

ecco arriva un verso

È necessario avventurarsi

per chi vuole realizzarsi

tutto può chi sa amarsi

proibito è scoraggiarsi

32 L'AMICIZIA NON È NIENTE

Il tempo rallenta velocissimo

e ti scopri atomo piccolissimo

l'amicizia no, non è niente

è solo uno spazio trasparente

Un pensiero solo respira piano

lega le anime non invano

ha sempre uno scopo preciso

il sentire vivo, giace li assiso

Tra gli occhi luccicanti

brillano fulgidi diamanti

sono sogni trasformanti

immensità di pochi istanti

Difficile da raccontare

come la brezza sul mare

soffia libera, soavemente

no, l'amicizia non è niente

———————————

Cambia la vita una bella amicizia. Un valore immenso in lei. Eppure, per quanto facciamo, nessun merito reale abbiamo. Ella è un soffio dello spirito. Senza brezza nessuna foglia suona.

33 LO STRETTO tra REGGIO e MESSINA

È portale ancestrale

di fauna che risale

la scala evolutiva

che passando si ravviva

Eco di musica lontana

avvolge l'aurea di Morgana

la puoi toccare con un dito

è forza viva il suo mito

Tra le onde il suo fiato

alita il sogno del creato

tra i venti la sua mimica

è possente realtà lirica

Quel che non si comprende

nello stretto si intende

basta sedersi per sapere

ciò che non si può vedere

____

È luogo di ispirazione lo stretto. I poeti come api trovano il loro fiore. È luogo di miti che vivono tra le onde. E di sussurri portati al tuo orecchio dai venti occidentali. Lo guardi sentendo. E lo senti guardando. Lo odori mentre sfiori le sue acque cristalline. Sempre pulite dalle correnti dello stretto. E ti lasci affascinare dalla Fata che lo abita.

34 DEMONI

Oh miei demoni terribili
compagni preziosi infallibili
bufera sulle cime orgogliose
sibilanti forze spaventose

Minaccia di terribili ferite
iene che non morite
e che non fate morire
ma solo tanto soffrire

Tra il freddo sudare
e concitato ansimare
un respiro - mi sorprende
di equilibrio - lui si intende

I demoni incantati
sono come imbalsamati
così che io comprendo
quella forza - che sottendo

Padrone - mi incammino
al guinzaglio - il mio destino
col mio demone peggiore
ho imparato a far l'amore!

35 LUNGOMARE

Ha nel suo lungomare
il suo gioiello sul mare
una pietra verde smeraldo
frescura del giorno più caldo

Incastonato tra il mare blu
e l'Aspromonte - un po' più su
ricco di palme, ficus e piccoli giardini
struggenti, eleganti - simboli dei reggini

Gli abitanti ne vanno fieri
e i turisti bianchi, gialli o neri
sperimentano - insoliti momenti
ricchi di variopinti sentimenti

Se d'improvviso potesse parlare
avrebbe di che raccontare
testimone ne è il mare
che racchiuso nello stretto
esercita il magico suo effetto

Sembra quasi che si diano la mano
per abbracciare Etna il vulcano
immensa storia si respira
nel suo mito che si aggira

Proprio qui vive invisibile
la sua forza inesprimibile
testimone primordiale
di tutto ciò che più vale

Così che nell'attraversarlo
è impossibile non amarlo
ma rimane solo il tarlo
se sappiamo meritarlo

Ogni dono è in sé mistero
anche al cuore più sincero
possa dunque al suo passaggio
ogni cuore essere omaggio

———————————

Terra mitica di poeti, maghi ed eremiti, la Calabria. La guardi spumeggiare sulle rive dello stretto. A volte, se ne hai la fortuna, mentre il maestrale incalza, tra la voce dorata dello ionio che abbraccia il tirreno e le palme che trillano note assieme a schegge di luce riflessa, Reggio ti spalanca il suo cuore segreto e ti mette – commosso - in ginocchio, assieme ai pregiudizi stonati, di ogni superficie del mondo.

36 ATTESA

È attesa la gioia

lo puoi dire

come nuvola che onora

il suo divenire

Il vento

ne smussa i momenti

il cielo

dimensiona i suoi raggiungimenti

I suoi contorni

aspettano lì fuori

che il tempo

li colori

Dal sole silenzioso

un raggio teporoso

attraversa il suo vapore

e ne evapora l'amore

____

L'attesa è il lievito della presenza.

37 ESSERE POETI

È uno strattone
Ineludibile
che ti scioglie
del cappio delle sillabe

Una volta brado
All'aria aperta
Tu sei smarrito
La poesia è slegata

Può sceglierti o andarsene
Cercarti o dimenticarti
Trovarti o lasciarti
Scomparire o salvarti

Se
Il mistero
Si fa
Incontro

Allora assieme
Esplorate
Regni
Non autorizzati

Non c'è niente di più mistico
della vostra benedetta intimità
se non l'amore senza eguali
che è il suo venerato prezzo

____

Lo si è poeti, quando non lo si è più

38 NON LO HAI CHIESTO TU?

Non c'è stupore

negli atti senza cuore

accadono sulla terra

così come la guerra

Vengono uccise persone oneste

che proteggono foreste

fotoreporter vengono sparati

per i loro servizi illuminati

Si inventano passaporti

per farci vivere da morti

e persino i tuoi affetti

ti addentano nei tuoi difetti

Sembra tutto un controsenso

provo disagio mentre penso

mi fermo ad osservare

mi chiedo cosa fare

Una Voce mi viene in soccorso

la belva allenta il morso

riconosce nella Parola

quella forza unica e sola:

"Risveglia l'audacia, dai respira

prendi bene la tua mira

sei fragile, sbagli, sei fallibile

ma hai un'anima invincibile

Non lo vedi tutto questo

non sei tu che aspiri a esser desto?

A volte è dura da accettare

Non lo hai chiesto tu di volare?"

———————————

Veniamo in missione. Abbiamo un compito preciso. È nascosto li, dietro il nostro disagio. Tra le nostre difficoltà. La Parola come torcia illumina il cammino. È pieno di segnali. Li vedi solo se cammini. È immenso il cielo, lo scopri davvero solo se spicchi il volo.

39 SILLABE DI BEATITUDINE

Cosa sarei senza le mie ragazze
forse un mendicante nelle piazze

Andrei in giro con la mia ciotolina
a chiedere l'amore ogni mattina
e poi la sera, randagio e disperso
riempirei il mio cuore con un verso

Così come una virgola smarrita
incerta tra le tante pagine di vita
intensamente allora forse scoprirei
la cruda malinconia dei giorni miei

Così col senno di quello che non è
riconosciamo meglio quel che c'è
Nella sintassi della gratitudine
siamo sillabe della beatitudine

Questi versi sono dedicati alle mie ragazze: mia Madre Antonella, mia figlia Virginia, la mia consorte Rossella, la mia sorellina Tina. Anime preziose che colorano il mio quotidiano esistere con la brezza soave del loro respiro.

40 NON TEMERE

Di condividerti
- non temere -
c'è un modo
diverso di vedere

Ti sei fatta già male
sei caduta dalle scale
e sei sempre tentata
di rimanere inscatolata

Ogni volta sei spaventata
di poter esser giudicata
per poi essere additata
ecco è lei - quella sbagliata

Eppure, senza uscire
come potrai scoprire
quale nuova reazione
avrà quella tua azione

Conoscersi e amarsi
richiede di incontrarsi
basta muovere il cuore
lui conosce lo spessore

Di quel che scoprirai
dopo che rischierai
orsù andiamo insieme
la bellezza ci conviene

———————————

L'ho scritta per un'amica questa poesia, lei sa che è per lei. Ma vale per tutti noi, in primis per me, che ogni volta che condivido una poesia, ho sempre un tremito nel cuore. Ma poi, quasi sempre, il sassolino del sogno audace, che magari uno solo di voi, ne possa trarre beneficio, fa ondeggiare le acque tranquille del mio laghetto temporaneo.

41 A MIA FIGLIA

Lascia, che i tuoi tratti siano scolpiti
dall'incedere elegante, delle stagioni
Le albe e i tramonti, diano il ritmo al tuo cuore
Il tuo viso trovi le sue linee, tra le fragranze dei fiori
E il tuo sguardo racconti, delle sfumature che danzano
tra gli oscuri abissi e le onde in superficie

Il tuo respiro sia brezza lieve, che accarezza i fili d'erba
e vento di montagna che scuote le foreste
Le bonacce e le tempeste, colorino l'iride dei tuoi occhi
impegnati a contemplare, l'aurora di nuovi orizzonti
E gli ostacoli più elevati siano istanti, sormontati
dalle scoperte ardite, delle tue risorse infinite

———————————————

Disegna la tua esistenza, con le matite dell'anima

42 DR. DE DONNO

Muore all'improvviso

senza alcun preavviso

il padre della terapia iperimmune

se ne va in modalità inopportune

Non si comprende

quel che si apprende

ci si rifiuta di riconoscere per vero

ciò che non appare molto sincero

È un dogma

ciò che comporta il vaccinarsi

nessuno sa cosa va a farsi

eppure, ci si sente legittimati

a esprimere giudizi affrettati

È un dogma

anche il vaccino non voluto

che mistero grande il suo rifiuto

eppure, su una base sconosciuta

ciascuno ha la sua teoria più arguta

Gli uni verso gli altri armati

senza mai esserci arruolati

ben si nasconde il generale

che sa come fare molto male

Ma ogni orma nasce dal piede

ogni cuore ha la sua fede

chi può davvero giudicare

come si fa di fatto a sindacare

il modo tuo e mio di affrontare

il mestiere di vivere e di amare?

____

Riposa in pace – quando potrai

43 DI NUOVO ASSIEME

Ci si ritrova ogni anno
esorcismo del malanno
che fa da sfondo
dentro al mondo

Eppure, basta stare assieme
riconoscere che conviene
uno sguardo di un istante
un sorriso disarmante

Il suo senso nascosto
lo ritrovi ben riposto
quando apri il tuo cuore
nelle differenze è l'amore

la Palermitana sta all'Olandese
come il Veneziano alla Geracese
da collante fanno i Reggini
che si conobbero per primi

Nelle tante novità
si muove qua e là
ogni summit, una danza
nutrimento di speranza

In famiglia, ogni anno. Da diverse parti del mondo ci ritroviamo. Questa poesia è in memoria dell'incontro dell'estate 2021 avvenuto in Sicilia. La pubblico perché credo che alla fine siamo tutti una famiglia. E quello che sappiamo far accadere nel piccolo poi, in proporzioni diverse, lo portiamo nel mondo.

44 IL MIO SENSO

Ho fatto l'agronomo finché ho potuto:

Il mestiere di Luigi, mio maestro e padre

L'ho scelto, perché volevo stargli vicino

e perché nella natura, ritorno piccolino

Poi la poesia ansimante, unica vera mia abitante

da latitante ricercata, è tornata a casa e si è insediata

Da allora abito la bellezza, l'opulenza

l'amicizia, l'amore, l'esistenza

E amo Lei, la nostra Regia

che è Conoscenza, Estasi, Armonia

Così sto bene, felicissimo

con poco, con pochissimo

Nell'aria rara e forse saggia

la Parola si fa spiaggia

e spesso mare che incoraggia

Da questa, minuscola condizione

non cerco altro sole che la condivisione

Il silenzio, come onda, torna fiato

entra il ricevuto, esce il donato

In questo moto di entrare ed uscire

tutto il mio senso, del vivere e morire

Veniamo tutti giudicati, spesso in modi spietati, soprattutto da chi, a noi,

ci tiene e dice di volerci bene. A nasconderci proviamo ma poi emerge

quel che siamo.

Amici cari lo so!

Vi incalzo con poesie e pensieri che affiorano sinceri, ma voglio dirvi

perché, questo bisogno c'è, di portarvi nel mio sentire, nello scrivervi quel

che voglio dire ... A volte, quando mi domando, se ne vale la pena, trovo

la conferma in ogni mia vena.

45 Il BLACK PASS

Restituitemi la parola
"Green" dai vostri pass!

Restituiteci la libertà o prendetevela pure
saranno utili, le vostre nere premure

A stimolare uno sguardo ancor più antico
a nutrire di senso, la parola Amico

L'oppressione, già in passato
copiosamente ha insegnato

che ogni passo forzato
mai produce il frutto, tanto agognato

Vi è un luogo inaccessibile
dove ogni forza inesprimibile

ti lascia soavemente entrare
se rimani calmo ad ascoltare

Il black pass è un permesso
che può darti legale accesso

Agli aerei, ai treni, al processo
ma certamente non a te stesso

l'unico con cui avrai a che fare

quando da qui dovrai salpare

Per questo serve una speciale attenzione

al senso di questa vecchia nuova condizione

Un luminoso sguardo limpido e attento

un "contagioso" abbraccio colmo di sentimento

____

sono davvero tutto il necessario

per colmarlo questo insulso divario

46 IGNAVIA

L'ignavia è una colla potente
che blocca, il passo nascente
di chi ha compreso
ciò che lo ha offeso
e muove il suo intento
per aderire al sentimento
ma la colla, è avvolgente
ferma la mano e la mente
ti rende impotente
e non fai più niente

Certo si forma un alone
ti comporti da cialtrone
neanche metti un mi piace
che potrebbe darti pace
la colla forte, ti incolla
nella sua strana bolla
che tu stesso, hai creato
col tuo impulso bloccato

Dio ti protegga attentamente
da tutti quelli come te
che vivono da mendicanti
pensando di essere dei re

Penso ogni tanto a cosa saremmo, a come sarebbe il mondo, senza l'IGNAVIA, senza girarci dall'altro lato quando qualcuno butta una carta per terra o un fiammifero acceso in un bosco. Quando smettiamo di indignarci per delle evidenti ingiustizie e invece dovremmo, quando preveniamo la nostra risposta, per evitare che la nostra anima sia esposta, quando cerchiamo di mettere tutto a tacere, invece di stare lì a vedere... e a sentire, tutto quello che dovremmo dire.

47 MIA SORELLA

ha la luce di una stella

anima mite, riservata

non passa inosservata

nei suoi gesti piccolini

ritorniamo dei bambini

il suo incedere silente

il suo braccio lucente

si appoggia su di me

illuminando ciò che c'è

———————————————

Adoro la sua liberalità e la sua riservatezza - imparo sempre da Lei -
ogni volta.

48 DI CHI È LA POESIA?

Cosa è la poesia oggi? A chi appartiene? Nel tempo ha detto tante cose,
in tanti modi, ma se dovessi dire cosa per me è "la poesia oggi" direi
così:

Vive forse la sua migliore esistenza

si snoda senza resistenza

tra i conflitti certi

ed i momenti aperti

si libra nei cieli contaminati

squarciandoli infiammati

così li trasmuta

in presenza arguta

e da lì possiamo essere guardati

come bimbi appena nati

La sua brezza sul viso

arriva all'improvviso

la sua intrepida presenza

è interconnessa resilienza

come onda del mare

niente e nessuno può fermare

la sua movenza elegante

il suo ritmo incalzante

giunge per essere accolta

la poesia è di chi l'ascolta

49 ROSSELLA

È qui che sorge il sole

Ad est del mio cuore

50 BRUCIA

Brucia Gaya con l'Aspromonte
brucia la fauna e la flora
che la nostra terra colora
brucia il sacrificio e la speranza
e la sua ancestrale danza
bruciano gli olivi ed i castagni
per pochi orribili guadagni

Bruciano gli alberi secolari
per soli trenta denari
brucia pure il nostro passato
il senso di ciò che è stato
brucia il futuro di questo mondo
e la natura del vivere profondo

Brucia e continua a bruciare
senza che nulla si possa fare
mentre alcuni esseri inumani
impuniti si sfregano le mani
fieri della morte e distruzione
che vanifica ogni buona intenzione

Si erge dalle ceneri un uccellino
si scrolla le ali piccolino
in pochi istanti la terra benedice
risorge dal cuore la Fenice
niente e nessuno può fermare
chi qui vuole vivere e abitare

51 CALENDARIO VENATORIO

Brucia sempre in alcuni giorni

in luoghi dai precisi contorni

nei paesi poi si sa

chi è che a bruciare va

Con un poco di attenzione

è cosa facile la prevenzione

un atto che richiede poche spese

che eviterebbe brutte sorprese

Oggi, poi a tutela di molti altri mali

vanno tutelati i superstiti animali

che senza casa e smarrirti

dai loro habitat sono fuggiti

Basta poco a capire

che non è il caso di infierire

gli animali non vanno cacciati

ma piuttosto protetti e coccolati

Adesso il calendario venatorio

è un anacronistico accessorio

invece di legiferare per spararli

dobbiamo custodirli ed amarli

52 VERDE

Il Verde che ci cura
la gioia della natura
certo puoi provarli
ma non puoi spiegarli

E non si può raccontare
l'emozione di ascoltare
un giovane daino passare
un faggio verde sussurrare

Il verde ha tante sfumature
alcune chiare altre più scure
il verde non è solo un colore
è una latitudine del cuore

53 LIBELLULA

Vedo apparire

una meravigliosa creatura alata

che impone

di essere contemplata:

È una Libellula sui fiori acquatici

la natura vive di attimi empatici

la bellezza magnetica

richiama l'estetica

Nell'equilibrio alare

l'arte di posare

il colore rosso acceso

è tempo bene speso

Nelle ali trasparenti

nel corpo i segmenti

sono quei segnali evidenti

di delicati e intensi sentimenti

Mi sembra

di capire

che Ella

voglia dire:

Arriva per ciascuno quell'ebbrezza
in cui la natura parla con chiarezza
e così giunge allora, fermamente
la certezza di non aver capito niente

Sopraffatti
piano piano
costernati
ci rialziamo

per riuscire a rimediare
re-impariamo a meritare
quello sguardo innamorato
di ogni essere del creato

54 "PRE-SIA" DI FERRAGOSTO

A quelli che incontrollati

decretano progetti spietati

a chi per malate bramosie di potere

ruba e uccide per sempre più avere

per poter poi disporre

di ciò che l'anima aborre

A loro va tutta la mia gratitudine

senza di essi vivrei di beatitudine

e forse questa terra benedetta

rischierebbe di essere perfetta

invece, mentre so di amarla

sempre, sono pronto a lasciarla

Solo una cosa voglio però affermare

per chi i fuochi e i virus sa appiccare

parlo agli untori seriali consapevoli

ai piromani esperti abominevoli

Per tutti prima o poi

giunge il tempo del risveglio

auguro che quello che scrivo e dico

voi possiate farlo meglio

e nell'ardua necessità di rimediare

a tutto il male che avete voluto fare

Possiate scorgere il vostro più luminoso faro

nel bisogno di estinguere quel gusto amaro

con la viva e perenne soddisfazione

che deriva da ogni buona intenzione

oh Madre nel sacro giorno della tua assunzione

possa ciascuno ritrovare la sua migliore azione

———————

La Pre-sia è intesa come una preghiera-poesia – 15 agosto 2021

55 ABBI CURA

Abbi cura di chi non la pensa come te
è la migliore risorsa che c'è

Abbi cura di ridere e scherzare
è il modo migliore di vivere ed amare

Abbi cura del delicatissimo momento che viviamo
sai è solamente insieme che vinciamo

Abbi cura della tua coscienza
è lì che crei la tua esistenza

Abbi cura della tua energia
è il segreto di ogni poesia

Abbi cura di ogni tua paura
è il carburante di questa avventura

Abbi cura di tutti i tuoi diritti
senza mai scivolare nei conflitti

Abbi cura di te in questi tempi incerti
con molti conflitti e ansie ovunque aperti

Abbi cura di accettare
ciò che devi attraversare
e di scegliere su quale barca stare

Abbi cura di lasciare

ciò che non ti fa sognare

meglio avere poco o niente

che una vita sopprimente

Abbi cura di volare

di non farti intrappolare

gialla foglia cade in volo

la accoglie nudo il suolo

____

Avere cura è comprendere il senso della vita. Quando abbiamo cura il nostro essere si moltiplica in quello che facciamo e il nostro modo di percepire la realtà diviene amore.

56 LO SAI

Lo sai che la tua parola è appuntito dardo?
Perché sottovaluti il respiro di un tuo sguardo?

Non siamo noi la fioritura?
La tua mano non sa essere cura?

Dimmi cosa è che tiene unito
il cielo sopra il dito?

57 LO SCIAMAGO

È solo un poeta

come stella cometa

la sua voce di luce

mano che conduce

Nel silenzio fiuta

nella natura scruta

quel misterioso fulgore

che svela forza e amore

Con coscienza dalla gola

assolve ogni parola

poi libera quei versi

armonia degli universi

Tu lì ad ascoltare

lui lì ad abbramare

fiducioso, lasci fare

quelle ali per volare

Così quando ha finito

la tua luna ed il suo dito

si son ben riconosciuti

nei tuoi nuovi passi arguti

———————————————

Scritta in occasione della pubblicazione del libro "Lo Sciamago"

58 LA GRANITA

"Fermi tutti quella è mia!!!"
Esclamò il bimbo alla Poesia

Lei rispose divertita
"gusta adesso la granita

Essa è come la tua vita
poi si scioglie ed è finita"

59 ANGEMONI

Sono Angeli fuori, Demoni in casa
la terra tutta ne è invasa
incapaci di carezza
nella finzione, la loro ebbrezza

Affascinanti come pochi
maestri di crudeli giochi
moralisti eccezionali
rimedio a tutti i mali

"Oh mio dio che sensibilità"
dice spesso chi non sa
quale grande crudeltà
alberga invece proprio là

Gli Angemoni sono strani animali
li intravedi dal colore delle ali
se poi vuoi riconoscerli davvero
ascolta il cuore tuo sincero

Che mistero l'esistenza
non è mai come si pensa
ma nella casa tua della coscienza
puoi imparare da ogni frequenza

Ed è lì che puoi scoprire
quel che devi benedire
così che può finire
il tuo inutile soffrire

60 OH MADRE

Quale madre concepisce

quale terra partorisce

quel figlio così ingrato

quel nero vivere bruciato

Esiste in natura

una simile cultura

che arde di passione

solo per la distruzione

Oh madre meravigliosa

tu che sai ogni cosa

risveglia in ogni figlio

il tuo limpido consiglio

Donagli fertili lacrime di cura

gesti verdi di premura

insegnali a sognare

che non debba più incendiare

Dopo gli incendi estivi del 2021. Diversi migliaia di ettari di bosco sono stati bruciati. Con Valentina prossima al parto di Lila ci siamo recati sui luoghi percorsi dal fuoco a immortalare la contrapposizione di una vita pronta a nascere con la natura in cenere.

61 IN GREMBO

Bellissima e terribile

è la foresta bruciata

nelle sue ceneri c'è

la nera anima di chi gli ha dato fuoco

la dura suola di chi si ostina a credere

che sia solo colpa dei piromani

i resti carbonizzati di chi ha perso tutto

il fumo scuro di chi

non riesce a vedere attraverso

e la speranza in grembo

di chi sente tutto questo dolore

e riesce a guardare oltre!

____

Chi incendia si brucia

chi ruba si impoverisce

chi si protegge si spegne

chi condivide è generoso

chi crea resta connesso

dalla Vita non ci si protegge ...

con la Vita ci si allea

____

Guardare oltre a volte è tutto ciò che possiamo fare. Sempre dopo gli
incendi dell'estate del 2021

62 UNO

Quando crollano i muri

li nascono i sogni futuri

ognuno con la sua tradizione

può sognare quell'azione

che quando viene compiuta

diviene anelito che fiuta

Dietro ogni apparenza

vibra l'unica esistenza

che in ogni credo e religione

soffia spirito e intenzione

____

In occasione del magico incontro dei rappresentanti di tutte le religioni
nella città di Reggio Calabria – God is One.

63 CENERE

È diversa
da tutte le altre
la cenere di un bosco
non inquina
non intossica
non puzza di schifezza
anche da morto
il bosco non fa male
il bosco nutre sempre

64 SOFFIA

Soffiali i tuoi baci tutti
essi sono simili a frutti

Soffiale le tue migliori aspirazioni
che sono vere benedizioni

Soffia il tuo diamante
celebra ogni istante

Soffia la forza dell'amore
dipingi il cielo col tuo colore
da lì nasce ogni nuovo fiore

Soffia tantissimi bacini
a tutti quei bambini
che incontri sulla via
sono loro la poesia

Soprattutto soffia audace
creatore sii di pace
che tutto quel che hai soffiato
in un attimo è volato
e ritorna amplificato
sul mondo che hai creato

———————————————————

Soffia pure senza tenerne conto
è così che crei l'alba ed il tramonto

65 SEGRETO VERSO

Esiste uno spazio rarefatto

dell'anima un anfratto

dove puoi incontrare

l'arte di realizzare

se davvero fai sul serio

ogni puro desiderio

Vuoi una casa sulla luna

o ereditare una fortuna

qualunque cosa vuoi

in un attimo tu puoi

trovarla fatta, già finita

con lo schiocco delle dita

È una rara circostanza

dove niente ha più importanza

il respiro trova il suo cuore

ogni sogno incontra l'amore

a cosa serve l'areoplano

se hai il sole su una mano

Smetti dunque di desiderare

quello che non ti può soddisfare

la gioia non va cercata

piuttosto va donata

come quel segreto verso

che racchiude l'universo

66 INSOLITE PORTE

Non sempre il concepimento
è splendido argomento
a volte diviene doloroso
momento con lo sposo

Un'interrotta gravidanza
è una macabra danza
un sortilegio nero
che ti uccide per davvero

O ti sveglia all'improvviso
vero schiaffo sul tuo viso
puoi scegliere anche tu
rimorso e morte

O puoi spalancarti
e varcare insolite porte
 Strano modo ha il destino
di usare quel cuoricino

Ma proprio lì dove il buio è pesto
puoi trasformare il tuo contesto
magari è così che la vita sceglie te
per illuminare quel che c'è

L'ho scritta per un caro amico che mi ha raccontato del tremendo viatico
che ha vissuto con la sua consorte e la figlia di qualche anno. E delle
conseguenze che vive. Così, mi è arrivata questa poesia, come a voler
indicare una apertura, forse una via. Nessun dolore lascia intatto il cuore
ma a volte può illuminare di insolito fulgore.

67 SANTA MARIA

Sono ali di luce

sul blu che conduce

alita soavemente

sul volo iridescente

Sui capelli puoi sentire

il suo segreto benedire

madre che attende

sabbia che splende

Col tepore del sole

chiede ciò che vuole

per colmare il divario

sul mare, il santuario

Nella pace la bellezza

la tua anima accarezza

lo sguardo va lontano

sulla spalla la Sua mano

____

sulla Spiaggia di Santa Maria in Ricadi è arrivata questa poesia.

68 NIENTE È COME APPARE

Così diverso quello che c'è

da come spesso sembra che è

l'apparenza traccia una patina illusoria

che incanta ogni forma di memoria

Il confuso percepire

sembra voler dire

sai non è come pensavo

non è il nome che chiamavo

Poi, appare il contesto

dove quel buio pesto

s'illumina della sua vera luce

allora riconosci quella voce

Che parla dalla foce

e t'illumina di pace

sai, niente è mai, come appare

ciò che inganna, poi scompare

Il sentire si consolida nel tempo...

le sfumature più sottili poi,

richiedono maturità per essere distinte e comprese

Certo è comunque che "Niente è come appare" ...

69 SEI POETA

Esiste una timida poesia
la più timida che ci sia
nel cuore, di ogni mio sentire
nel senso, di ogni tuo scoprire
è lì, da sempre, chiusa e ritrosa
nascosta, da una coltre fumosa

Il compito più opportuno
il mio, il tuo, di ciascuno
è di spolverare le sue ali
prima che si ammali
trova il modo di farla uscire
anche se forse dovrai morire

Nel bruco, è la farfalla
la danza è in chi balla
e mentre spicca il volo
lo sai, non sei più solo
oltre quella timidezza
unito sei, alla bellezza

Il cielo è immenso
lo senti quest'incenso?
Batte forte il cuore,
la pelle è accapponata
non è per questo in fondo
che lei in te è nata?
È lei, la tua poesia, stella cometa
quando la liberi, vivi e sei poeta

70 IL VOTO NON SI CHIEDE

Non è dando il voto all'amico o al parente

che sentiamo dentro, non possano far niente

così non aiutiamo veramente

questa povera terra sofferente

E a coloro

che vengono a chiedere il mio voto

quanto segue vorrei rendere noto:

Ti affanni ancora, a chiedere voti

per offrire, altre porte chiuse

quando i tuoi votanti, verranno a bussare, con le loro scuse?

Non chiederli i voti

per cose che non potrai fare

per luoghi, che non vuoi trasformare

Non chiederli i voti

se dovrai, offendere

i diritti, che non puoi difendere

Se davvero vuoi dedicarti

fai in silenzio, per gratificarti

del bene comune

delle cose opportune

che riesci a creare

col tuo limpido fare

I voti incatenano

prima di tutti, chi li chiede

e dopo, chi per te intercede

sapendo, di non poterli ricambiare

qualunque cosa dirai, di voler fare

Guardati, come sei diventato

in questi giorni, sei spossato

per qualche voto in più ...

non sai neppure, chi sei tu

e questo, è solo l'inizio

prima ancora del comizio ...

I voti non si chiedono

i voti si prendono

con l'impegno concreto

nel creare un sistema discreto

in cui essi non servano più

per garantire ciò che vogliamo noi e tu

La politica inizia quando

la cosa pubblica diventa privata

quella personale viene ricambiata...

Allora, diviene strumento di elevazione

il vivere e l'amministrare, normale condizione

così ogni cosa, trova il suo giusto posto...

come il buon vino, che nasce dal mosto

Lo confesso a voi amici cari

li riconosco mentre li scrivo, questi versi impopolari

so che disturbano la falsa pace

trovo la conferma, nei timidi 'mi piace"

anche se poi, ci lamentiamo

di quel che noi, creiamo

Questi si sa

sono versi che non varcano la soglia

del vero, non si ha voglia

si preferisce procedere annebbiati

con i sensi un po' oscurati

Ma la poesia non segue questa via

Ella vuole essere scritta

e poi andare diritta

per la strada sua contaminata

solo, dalla sua armonia, innata

che crea soave, il suo ballo

come fa, il tafano, col cavallo

71 NON FINGERE

Non devi fingerti minore

lascia splendere il tuo fulgore

se continui a sminuirti

finisci col pentirti

Come Madre che alleva

chi ti ama sai ti eleva

riconoscerti lei sa

vive in tue profondità

Belle le ghiande

e anche le perle

le differenze

è bene saperle

72 ABBRACADABRA

Friuli e Calabria

lo stivale mio d'Italia

ci accomuna e ammalia

come candele accese

uniamo il bel paese

Il grande segreto

è l'animo lieto

puro nutrimento

di quel sentimento

che riconosci dal sorriso

tra il tasso e l'Elicriso

È possibile un'Italia unita basta cuore e matita

col primo puoi sognarla con l'altra disegnarla

lo stivale è un animale che non sa quanto vale

troppo spesso dilaniato e ancor di più ingannato

Eppure, sa ballare

dipingere e cantare

soprattutto cucinare

ma non voglio osannare

Sono qui solo per dire

che il popolo vero si può unire

una nuova società

sta nascendo è già qua

L'amicizia è il primo passo

per salvarci dal collasso

poi musica e poesia

per ritrovare l'energia

Gira sai la ruota

se tu suoni la sua nota

gli un con gli altri uniti

un paese - più infiniti

Sorelle con fratelli

nei momenti brutti e in quelli belli

ogni lacrima versata

è fede liberata

____

Al mio amico Gabriele Filiputti. In occasione del suo viaggio in Calabria

73 DIALOGHI PADRE (P) FIGLIA (F)

F - Che fai oltre a scrivere poesie?

P - Le leggo, le racconto, le pubblico

F - E che altro?

P - Le vivo

F - E se qualcuno ha bisogno di aiuto?

P - Gliene creo una personalizzata

F - Si si, va bene e non c'è altro?

P - Ci siete voi ... sempre

F - E poi?

P - Poi non mi resta molto tempo per fare altro

F - E tutte le altre cose che amavi fare?

P - La poesia sai è un amante molto gelosa, la più gelosa che tu possa

conoscere ...

F - Vuoi dire che hai dovuto rinunciare a tutto il resto?

P - Voglio solo dire che tutto quello che non serve per creare uno spazio

adatto ad accoglierla lo si può dare via, magari ai poveri

F - E chi sono i poveri?

P - Quelli senza poesia

F - E come decidi cosa resta e cosa va via?

P - Non sono io a decidere

F - E chi decide dunque?

P - La Bellezza

F - Lei decide ... sempre!

F - Anche su decisioni importanti?

P - Soprattutto su quelle ... è così che si va in Paradiso

F - E quando?

P - Adesso

F - Ma dai ... che dici, scusa lì non ci vanno i buoni, quelli che compiono tanti atti di bontà?

P - E no amore mio, li ci vanno quelli che la Bellezza la scelgono ogni giorno, prima di tutto, li ci vanno i belli

F - E poi ...come vivi? Secondo te è possibile vivere di Bellezza?

P -Si certo

F - E chi ci crede?

P - Pochi

F - E tu?

P - Io lo so.

Vedi, quando la scegli la bellezza, lei sta lì, in un angolino, per assicurarsi che fai sul serio ... Poi, quando si è convinta delle tue intenzioni e vede quello che sei disposto a dare e fare per lei, allora ricambia. Si traveste da Provvidenza e ti viene a trovare. Poi, se si trova bene, rimane con te e ti insegna a vivere!

74 SOLE NASCENTE

Hai sofferto tanto

disperato hai pianto

hai cercato conforto

ovunque in ogni porto

Per questo hai navigato

saggi ovunque hai incontrato

oggi puoi fermarti

magari spogliarti

Tutta quella ostinazione

oggi sia benedizione

di quel tempo sempre altrove

tu sei l'adesso e anche il dove

È nudo che comprendi

gli orizzonti più stupendi

tu sei il sole nascente

e ogni stella cadente

––––––––––––––––

Passiamo il nostro tempo, la nostra vita a cercare fuori di noi. E non è sbagliato. È l'unico modo che conosciamo e dunque è una strada che va percorsa. Solo, quando troviamo uno specchio adatto a vederci o meglio a scrutarci. Allora cambia tutto. Da li in poi sorge il sole.

75 LA NONNA

È una donna

che è stata nipote

che porta in dote

un patrimonio di esperienza

emozione ed innocenza

Non sente bene

ma sa ascoltare

non vede tutto

ma sa osservare

non tutto, può più fare

ma se stessa, sa donare

Forse, tu non sai

che tutto quel che fai

è cercare di arrivare

al modo suo di amare

in un attimo sa dire

quel che speri di sentire

È presenza che conduce

la sua fiaccola di luce

come fuoco, da calore

fiamma del tuo cuore

arde più che mai,

su chi ora sei, prima eri e poi sarai

76 Il MAGICO PIFFERAIO

È un musico stregato

che usa il suo fiato

per una strana melodia

che ovunque tu sia

t'infonde quel senso di paura

di non poter trovare cura

alle malattie del mondo

colpa solo tua, in fondo

Con le sue note contraddice

quel che poi così ti dice:

"La terra paziente terminale

tu ricettacolo del male

ma puoi rimediare

se impari a rinunciare

a quella pura facoltà

che tu chiami libertà"

Con ripetuti suoni e minacciosi urti

un po' alla volta, vuol condurti

a rinunciare, poco a poco

alla tua energia, di luce e fuoco

ma se smetti di ascoltare

l'ipnosi del suo fare

presto puoi svegliarti

e la tua vita, conquistarti

Ci sono musiche deprimenti

ed altre commoventi

sceglila tu la sinfonia

e crea con lei la tua magia

non temer la depressione

ma il poter della tua accensione

c'è una fiamma, nel tuo salvadanaio

può incendiare, piffero con pifferaio

Mai dovremmo spegnerla quella fiamma. Sempre alimentarla. Mentre brucia la nostra legna secca possiamo scorgere un tipo di combustibile che non avevamo considerato. Tutto ciò che ci incanta a volte è solo un lupo cattivo e cappuccetto rosso può anche smettere di farsi mangiare. Questa volta può metterlo nel sacco e riporlo nell'indifferenziato. O forse meglio ancora nella plastica.

77 SAI

Si aspettavano - una femmina - quando sono nato
l'altra notte d'improvviso me lo sono ricordato

____

Lì per lì

non mi sono sentito accolto

non so se per poco o per molto

forse per mezzo secolo o solo un secondo

è stato il modo mio di stare al mondo

Nascosto sempre dall'altrui aspettativa

finché chi ero non appariva

ma nessuna nuvola, anche se lo vuole

può impedire il sorgere del sole

A volte naturalmente, lo nasconde

come fa la notte, con le onde

ma poi, il vento la porta via

lasciando l'alba, con la sua magia

Così sono rinato

dall'amore circondato

____

No, la poesia non è un contorno
È il modo mio, di rinascere, ogni giorno

78 COMPLEANNO

È una nascita stupefacente
un germogliare, nuovamente
un accogliere, la fragilità
di tutta quest'immensità

Soffi, su una candelina
Niente, è più come prima
Sospiri, un desiderio
il cielo si fa serio

Poi sorridi e tagli la torta
una stella, se n'è accorta
mai nessuno è davvero solo
insieme, è il nostro volo

Oggi a me domani a te
ciascuno a modo suo è re
nel Regno tuo interiore
Sole e stelle sono il cuore

Quel che devi ricordare è
chi sei e cosa sei qui per fare
tutto il resto, che ho imparato
in un attimo è volato

———————

quel che resta solamente, è il profumo del mio niente

79 PRIMAVERA

Credo

sia

questo

la primavera

uno scambiarsi

il cuore

nel grigio

dell'autunno

80 PIANO

Cammina piano
sotto la pioggia

ascolta i rumori del mondo
cogli le sfumature di fondo
di tutte le persone sofferenti
che vivono difficili momenti

Ogni passo
senza chiasso

Porta quel tuo sentire
che vuole suggerire
con umile intenzione
dove portare l'attenzione

Mentre l'acqua cade dal cielo
tu puoi attraversare quel velo

Oltre la forza di gravità
la vita vera viene e va
anche tu puoi imparare
quel segreto camminare

Sai cos'è davvero la lentezza?
È la più veloce forma di bellezza

81 INVIDIA

L'invidia
non temere, non è niente
è solo una stanza buia, puzzolente

Se apri la finestra
entra profumo di ginestra
lì per terra desolata
giace una piuma impolverata

Ti avvicini incuriosita
la pulisci con le dita
non è tua e neanche mia
basta un soffio e vola via

———————

Non c'è nulla di più stupido e distruttivo che invidiare qualcuno:
stupido perché
il progetto che la tua anima ha per te è diverso da quello di tutti gli altri
distruttivo perché
annulla il potere del desiderio che implode su se stesso senza potersi
realizzare.

82 PARLA SOLE

Parla sole

ovunque duole

la tua radio trasmittente

è mezzo eloquente

Raggio tra le onde

che pace infonde

manda quel segnale

che più di tutti vale

Cerco ciò che voglio

come goccia sullo scoglio

la corrente rigogliosa

suona mentre va in sposa

Poi si tuffa sulla riva

cantando assai giuliva

Il tuo richiamo separato

ora con me è un solo fiato

____

Porta luce ovunque vai

ciò che siamo ora lo sai

83 RICONOSCI

Così diverso quello che c'è
da come spesso sembra che è
l'apparenza traccia una patina illusoria
che incanta, ogni forma di memoria

Ogni tuo sentire
sembra voler dire
sai non è come pensavo
non è il nome che chiamavo

Solo quando poi appare il contesto
dove quel buio pesto
s'illumina della sua vera luce
allora riconosci quella voce

____

che parla dalla foce
e t'illumina di pace

84 ROSA
In memoria di Rosa Canale

Si vola via

in un istante di poesia

arrivare sul pianeta è una grande occasione

andarsene merita molta attenzione

Così Rosa te ne vai

mentre voli, sai

che ognuno è quel che è

e la vita è com'è

Continua il tuo andare

il tuo speciale modo di fare

il tuo sincero dare affetto

con espressioni a effetto

Sincero il tuo parlare

come anche i tuoi modi fare

col tuo volto sereno

adesso lasci questo mondo pieno

Di tante difficoltà

ma tu scherzi anche di là

ti dicevo per scherzare

che sei l'amore mio

____

adesso ti abbraccia in cielo Dio

85 LASCIAMI

Lasciami stasera
lasciami andare

Tra nuvole e mare
mi voglio abbandonare

Adagiarmi sul riflesso
di luce di me stesso

86 POVERI

Sordi

si arricchiscono

su muti

che patiscono

Poveri

entrambi

del loro

stesso oro
_______________-

Cosa la poesia ne farà di loro?

87 CORAGGIO

Cosa ne farà

la poesia

di tutti i

"così sia"

di quell'artista

saggio

che ha smarrito

il suo coraggio?

88 FILLY

Di notte nella corsia malattie infettive – Covid - ansimavo, annaspavo aria alimentando la paura che diminuisse. Ero in crisi. Di lì passava Filly. Subito le ho chiesto come si fa a superare le minacciose crisi d'ansia che sto scoprendo in queste notti?

Filly: Beh io ne ho sofferto tutta la vita.
Devi occupare lo spazio.

Francesco: Con cosa?

Filly: Fai qualcosa per qualcuno. Io sono diventata infermiera così. E non soffro più per me. Occupa questo consiglio.

Francesco: Avevo poca aria camminavo con un filo d'aria come un fiammifero consumato nel buio. Ma mi si è accesa un'idea. Ho preso mentalmente con me quelli che stavano come me, più di me soffrendo, li in quelle stanze spente accanto alla mia, li ho portati nel mio cuore li ho sentiti respirare e le pareti dei miei polmoni secchi si sono allargate. In un istante sono diventate foreste.

89 IL MOMENTO PERFETTO

Si può vivere una vita intera
senza incontrarla sai quell'infiorescenza
bianco zagara di primavera

Cercarla non vuol dire trovarla
ma prepararsi a riconoscerla

Poi quando quel profumo inebriante
pervade le tue narici con la promessa
di bellezza che si schiude
allora sai che hai speso bene i tuoi respiri

E che le cose più significative che hai fatto
sono quelle che rispondono a quel momento perfetto
in cui la fragranza del fiore
si è riconosciuta nel tuo cuore

90 IL POSTO MIO MIGLIORE

Un mese fa circa ho realizzato di non aver più bisogno della Poesia nella mia vita. È complesso da spiegare, ma posso dire di essermi sentito, per giorni smarrito, ma nel contempo liberato. Poi l'altra notte, in piena crisi respiratoria da covid, una poesia ha bussato alla mia porte, dicendomi di aver bisogno di me. Così, non mi sono accorto subito, che era venuta a salvarmi la vita:

Sono qui e non cerco di essere altrove.
Ho smesso.

Qui sono, dove il silenzio è solcato dai respiri dei macchinari, dalle metalliche suonerie telefoniche e dai lamenti antichi, stonati, legittimi.

Questo letto con telecomando, questa stanza con il suo respiratore acceso. Mi hanno condotto qui. Anche questo mio compagno di camera, sospeso spesso altrove, fa il suo dovere.

Ogni attacco d'ansia, ogni crisi d'aria, ogni colpo di tosse, ogni starnuto, ogni vomito acido, ogni tentativo fallito di stare bene, ogni ago, mi ha insegnato a stare qui.

Qui, nel posto mio, migliore.

91 IL SEGRETO DELL'ARIA

A volte cerchiamo qualcosa da qualcuno. Soprattutto dalle persone care, la pretendiamo. Come se fosse loro esclusiva responsabilità donarci ciò che dovrebbe farci felici. Eppure, la soluzione salvifica è altrove, a portata di mano, nascosta nell'aria:

Mi manca l'aria quando cercano di anestetizzarmi e quando la magia e la meraviglia non muovono i miei passi. E quando l'affetto, la cura, le coccole, non irrigano i germogli del mio sentire

Mi manca l'aria, quando affogo sott'acqua, senza che la tua mano afferri i miei capelli, con forza, per ricordarmi quanto tieni a me. Soprattutto, mi manca l'aria, quando mi dimeno per cercarla, invece di sedermi lì ad amarla

Nel mio corpo è ma non si vede
la respira solo chi ci crede
C'è più aria sai in un piccolo gesto di tenerezza
che nella forza di una possente brezza

Cosa, cosa posso fare?
Fermati non fare niente
lascia che accada liberamente
un respiro nuovo, commovente
che sconvolga cuore e mente

È così che scoprirai
quel segreto dell'aria che non sai

92 LA ROSA NELLA CREPA

Ciascuno è disabile!

Alcuni abbiamo ferite evidenti
altri oscure crepe invisibili

Tutti un fiore da donare:

Ci sono disabili in carrozzina
che sanno volare
sono angeli che hanno
tanto da insegnare

Ci sono anche disabili
che mai nulla ti chiedono
perché nascondono crepe
così rare, che non si vedono

E se le dovessero mostrare
verrebbero accusati di millantare

Loro sanno volare
anche un po' più su
con quella rara Rosa
che sai donargli tu

93 OLTRE LA GABBIA

Se il respiro
dovesse migrare
da questi polmoni
io non morirei

Piuttosto saprei
cosa è la libertà
oltre la gabbia
della necessità

94 NIENTE

Niente
Per il nuovo anno
ti auguro - Niente -

Scrivilo tu
sia la tua poesia

Come ape nel fiore
bottina dal tuo cuore

La tua penna sia pistillo
il tuo animo lieto - brillo -

Ogni verso - enigma -
polline dallo stigma

Nell'inchiostro tanti - semi -
siano - i sogni- cui appartieni

Al vento - lascia fare
l'ape sa - dove andare

Per colmarlo - il divario -
ogni stilo ha il suo ovario

E il gamete fecondato
nell'aria trova - fiato -

Spalanca le tue ali
scopri quanto - vali -

95 POETI IMMENSI

Poeti immensi

di tutti i tempi

FORZA

accendete di poesia

l'anima del mondo

VENITE

raffiche di tempesta

nell'aria immobile

COME

lucciole incandescenti

nella notte oscura

E

ossigeno salvifico

per chi è sott'acqua

———————

SIETE

più che mai

necessari

96 GUARIRE

È

riconoscere

nel

male

ricevuto

quello

donato

97 DAI

Padre Cielo, Madre Terra

sospendete ogni forma di guerra

Rilassatevi un istante

smettete di pulire, il nostro diamante

Coccolatevi un po', dai, fate l'amore

qui, ora, in questa capanna del cuore

98 SE

Se incontri una persona davvero generosa

stalle vicino

non per le cose

che ti potrà dare

ma per la legge dell'abbondanza

che ti saprà insegnare

99 TRAPPOLA PERICOLOSA

Immensa montagna

su stretta e fragile valle

il tuo enorme zaino

su troppo piccole spalle

Crepuscolo, il viso

germoglio il sorriso

di latte, ancora profumato

coperto da maschera, ostacolo al fiato

Studio intenso e incombenti doveri

si alternano a pochi e rarefatti piaceri

conditi da asocialità estrema

dalla colazione sino alla cena

Questa la vita

dei nostri bimbi e adolescenti

che pagano caro, il prezzo

di questi momenti

Un compito immenso

profumato d'incenso

il loro impegno, nel lavoro forzato

sia l'alba di un sogno, di luce incantato

Mi conforta - la certezza - che mi assale

della loro intensa - fede - naturale

sprone spontaneo - faro - del navigare

tra le quotidiane - onde - del mare

____

Sentirsi in colpa sembra scontato

parte dovuta di un gioco malato

Lontano stia, la tua luce gioiosa

da questa trappola pericolosa

100 CIMITERO

Far Visita al cimitero

è un lento prepararsi

La madre a raggiungere

i propri cari scomparsi

il figlio a lasciarla

un dì andare e accomiatarsi

———————-

Il cuore va riempito

di ogni istante custodito

101 IL DONO DEL COVID

Una notte, mentre mi trovavo in ospedale con l'ossigeno, ricoverato per covid, mi sentivo come l'eco di un deserto. Terra arida, brulla, senza vita. Quella che resta dopo l'uragano. Strappato, flebile germoglio dell'unico respiro che resisteva.

Poi, all'improvviso, come angeli silenziosi, vennero a trovarmi nel mio letto, alcuni eventi significativi della mia vita.

Erano immagini e sensazioni di momenti specifici della mia storia personale in cui ho sempre ritenuto di aver oggettivamente sbagliato, di non aver agito al meglio.

Così, rimasi molto sorpreso, quando mi accorsi, che non erano venuti a punirmi, a rammentarmi "gli errori compiuti". Piuttosto, dopo aver fatto la loro comparsa, si accesero di una luce nuova, mostrandomi quanto fossero stati significativi e rilevanti nel modificare il corso di tutta la mia esistenza.

In un istante la stanza di ospedale si trasformò e feci esperienza di qualcosa di indicibile e inspiegabile. Le parole che seguono invano tentano di spiegarla:

"Radicato

negli abissi scuri

vivo di frutti maturi

Linfa

vivente

che tutto sente

Colgo

mentre muore

la bellezza di ogni fiore"

____

È questo il mio umile e più sentito augurio.

Per te, per me, per ciascuno di noi.

Fare esperienza di noi stessi in questi termini.

Imparando a scorgere in quelli che chiamiamo "errori" e in ciò che ci fa

più soffrire i doni più preziosi che attendono di essere riconosciuti. Magari

è così che impariamo a scorgere la nostra luce invisibile.

Abbi cura di Splendere!

Se ti è piaciuto
"Abbi Cura di Te"
ti invito
a lasciare
un tuo pensiero
una tua poesia
un cenno
un soffio
un seme
del tuo passaggio.

Forte ti abbraccio
Francesco Tassone

9 798446 348244